Testigo del poder de Dios

Testimonio de un médico cristiano

Juan Félix Aldave Pita

1.ª edición

Prefacio

Soy Juan Félix Aldave Pita. Tengo 69 años de edad y 38 años de médico.

He escrito este breve libro porque para mí, como médico, por encima de la sanidad humana, lo más trascendente es la salvación del alma mediante nuestro Señor Jesucristo, quien murió en la cruz del calvario en vez nuestro para salvarnos de la condenación eterna que merecemos por nuestros pecados. La salvación del alma es más trascendente que la sanidad del cuerpo porque tiene implicancias eternas.

Durante su ministerio aquí en la tierra, en una oportunidad trajeron al Señor Jesús un paralítico de nacimiento. Todos esperaban que el Señor le cure de su parálisis, ese era el objetivo por lo que sus amigos trajeron al enfermo.

Sin embargo, para sorpresa de todos, el Señor Jesús dijo al paralítico: "Ten ánimo, hijo; tus pecados te son perdonados". De inmediato, los religiosos de aquella época, atentos a la escena, murmuraron: "Este blasfema. ¿Quién puede perdonar pecados, sino sólo Dios?".

Lo que los religiosos no sabían es que el Señor Jesucristo era Dios hecho hombre. Jesús, conociendo sus pensamientos, les dijo: "¿Por qué pensáis mal en vuestros corazones? ¿Qué es más fácil, decir: Los pecados te son perdonados, o decir: Levántate y anda? Pues para que sepáis que el Hijo del Hombre tiene potestad en la tierra para perdonar pecados (dijo entonces al paralítico): Levántate, toma tu cama, y vete a tu casa." Al instante, ¡el paralítico se levantó sano!

En las siguientes páginas, les compartiré diez de las muchas vivencias que impactaron mi vida y me mostraron el inmenso poder del Señor Jesucristo en medio de circunstancias terribles de enfermedad, problemas sociales y dolor.

Capítulo 1

Psiquiatra de psiquiatras
"y hallaréis descanso para vuestras almas" (Mateo 11:29)

El año 1974, durante el curso de psiquiatría en la universidad, una de mis profesoras me impresionó por su dedicación a los pacientes y a nosotros los alumnos. Cinco años después de finalizado el curso, habiendo yo ya culminado la carrera de medicina, me enteré que a mi profesora le habían diagnosticado cáncer de cabeza de páncreas. Una laparotomía exploratoria evidenció la amplia extensión de la malignidad, no tributaria de extirpación quirúrgica.

Al momento, comenzamos a orar con mi familia y hermanos de la iglesia, mientras buscaba la oportunidad de conversar con ella. A la quinta vez que acudí a su domicilio, mi profesora entreabrió la puerta lentamente. (En mi experiencia, un médico con cáncer suele aislarse de sus colegas sanos, y viceversa, por la tristeza y carencia de motivos de conversación. ¡En situaciones de desesperanza, las vanidades de la vida ayudan poco!).

En aquel instante, ante la difícil circunstancia, no supe cómo abordar la conversación. Mentalmente pedí la ayuda a mi médico Jesucristo. Entonces, sentí hablar las siguientes palabras: "Doctora, fui su alumno de la universidad. Pasaba por su casa y quiero agradecerle porque usted me enseñó psiquiatría"...

Gracias al Dios Altísimo, mi profesora reveló su corazón y me dijo: "Félix, tengo una inmensa depresión. Y pensar que yo curo la depresión". Le respondí: "Doctora, ahora le voy a presentar al psiquiatra de los psiquiatras". "¿Quién es?", me contestó. En aquel maravilloso momento, iluminado por la todopoderosa luz de Cristo, le hablé del amor de Dios, que primero ¡y siempre! cura el alma, y luego el cuerpo según su Santa voluntad.

Mi profesora aceptó a Cristo el Señor como su Salvador y su Médico. Oramos y le dije: "Usted ha nacido de nuevo. El recién nacido debe alimentarse de la Palabra de Dios". En aquél tiempo, teníamos en casa grupos de oración y lectura de la Biblia a las 4 a.m. y 5 a.m. Mi profesora dispuso buscar al Señor en el horario más temprano. Todos los días me esperaba lista minutos antes de las 4 a.m. para recogerla en taxi.

Poco tiempo después, mis amigos médicos comentaron el impresionante cambio en la vida de nuestra profesora, pues ahora ella mostraba paz y compartía con otras personas la experiencia maravillosa de encontrarse con Cristo.

Durante 6 meses, la doctora nos visitó al grupo de oración. Posteriormente, por el empeoramiento de su enfermedad, un grupo de médicos y enfermeras acudimos a su domicilio para continuar con las reuniones de 5 a 6 de la mañana. Este tiempo de avivamiento, alabanzas, adoración y estudio de la Palabra de Dios duró alrededor de 6 meses más, hasta la partida de mi profesora al cielo.

Recuerdo las palabras de mi profesora: "Esto que tú haces, nunca dejes de hacerlo con los médicos. Antes nunca conocí al Señor pero ahora puedo hablar de Él".

Mateo 11 (La Santa Biblia)

25 En aquel tiempo, respondiendo Jesús, dijo: Te alabo, Padre, Señor del cielo y de la tierra, porque escondiste estas cosas de los sabios y de los entendidos, y las revelaste a los niños.

26 Sí, Padre, porque así te agradó.

27 Todas las cosas me fueron entregadas por mi Padre; y nadie conoce al Hijo, sino el Padre, ni al Padre conoce alguno, sino el Hijo, y aquel a quien el Hijo lo quiera revelar.

28 Venid a mí todos los que estáis trabajados y cargados, y yo os haré descansar.

29 Llevad mi yugo sobre vosotros, y aprended de mí, que soy manso y humilde de corazón; y hallaréis descanso para vuestras almas;

30 porque mi yugo es fácil, y ligera mi carga.

Capítulo 2

Padre de huérfanos y de viudas

"Y seré para vosotros por Padre, Y vosotros me seréis hijos e hijas, dice el Señor Todopoderoso" (2 Corintios 6:18)

Una mañana en Trujillo, alrededor de las 6 a.m., caminaba por la Calle Zepita con mi Biblia en mano hacia una reunión de oración y estudio de la Palabra de Dios. Cursaba el segundo año de la carrera de medicina. Un amigo de la universidad, parado en la puerta de la casa donde alquilaba un cuarto, me vio con mi Biblia y me dijo: "Félix, ¡cómo te han lavado el cerebro!". Habló del marxismo, del leninismo y de su concepto que como médicos seríamos científicos y no "de la religión".

Mentalmente, pedí ayuda al Señor respecto a qué decir, y respondí: "Tú no puedes hablar de lo que no conoces. Mira, hermano, yo no te hecho nada. ¿Por qué estás molesto tan temprano?" En aquel momento de luz, compartí a mi amigo la historia bíblica del profeta Jonás, quien se enojó contra Dios por el deterioro de una calabacera que le brindaba sombra ante la fuerza del sol. Mi amigo me replicó: "Félix, ¿y hay en la Biblia palabras cuando uno está en problemas?". "También" -le contesté- "dice la Biblia que lo que es imposible para el hombre es posible para Dios". "¿Y cuando uno está enfermo?", preguntó. Al momento, le respondí que el Señor era mi médico y que él necesitaba al Señor como su médico también. Le afirmé que Dios, a quien él no conocía, podía ayudarle.

Aquella mañana de vida, mi amigo me invitó a pasar a su cuarto. Conversamos varias horas acerca de Dios, la salvación y la necesidad urgente de Él como médicos en formación. Le expliqué la importancia de la Biblia en nuestra carrera. Hacia la una de la tarde, le invité a abrir su corazón al Señor, a lo que accedió. Oramos con él y le dije: "Hermano, ahora has nacido de nuevo. Es el nacimiento espiritual. Como recién nacido, debes leer la Biblia todos los días, apenas te levantas, para que crezcas espiritualmente."

Desde aquella fecha, nos encontrábamos esporádicamente puesto que no estábamos en el mismo grupo de prácticas. Mi amigo era un estudiante bastante hábil e inteligente. En una oportunidad le pregunté: "Hermano, ¿estás leyendo la Biblia?". Él me respondió: "Yo soy carismático". "Está bien" -le dije- "eres cristiano con otro nombre".

Alrededor de veinte años después, ya graduados, volvimos a vernos durante un reencuentro de promoción en el Colegio Médico de Trujillo, donde asistieron unas 150 personas entre ex-alumnos y profesores. Participé con unas palabras sobre la amistad basadas en el capítulo 15 del libro bíblico de Juan: "es necesario seguir la enseñanza del Señor para que nuestra amistad nunca se acabe". Al terminar la reunión, mi amigo, ya titulado como pediatra y laborando en Piura, me dijo: "Félix, sigo leyendo la Biblia. ¡Cuánto me sirve! Le hablo de ella a las mamás de los niños".

Unos años más tarde, mi amigo aprovechó un viaje con su familia desde Lima hacia Piura para hacer una escala en Trujillo y visitarme a casa. Solamente pudieron conversar con mi esposa, puesto que en aquel momento yo estaba en turno de guardia en el hospital.

Poco tiempo después, mi promoción anunció una triste noticia: mi amigo había sido diagnosticado de cáncer de páncreas, sin posibilidad de tratamiento curativo. Mis compañeros de promoción sabían que yo continuaba en el camino del Señor. Una amiga me dijo: "Anda visítalo Félix, está mal, está muy delgado". Recuerdo que en aquellos días justo me habían retirado un yeso colocado por una fractura de metatarsiano. Viajamos a Piura con un colega cristiano y un hermano de la iglesia. Al llegar a la casa de mi amigo, le encontramos en una cama. Sus ojos amarillos (ictéricos). Bastante adelgazado.

Así que me vio, se dirigió a mí y me dijo: "Félix, cómo te llamaba con la mente. Gracias por haber venido". Aquella tarde y noche conversamos de Dios con él, su esposa, sus hijos y sus hermanos. Su hijito menor tenía cuatro años. Mientras hablábamos, mi amigo alternaba su mirada hacia mí y hacia su hijito. Comprendí su preocupación ante la cercanía de la muerte y le dije: "Hermano, ¿te acuerdas cuando conociste al Señor aquella mañana? Mira lo que dice la Biblia: el Señor es Padre de huérfanos y de viudas. Así que no te preocupes". Se sentó, me abrazó y me dijo: "Félix, esto era lo que yo necesitaba. Ahora ya estoy listo para irme".

Una semana más tarde, mi amigo murió. Nunca más lo vi. Uno más para el cielo, nada para el infierno. Recuerdo que cuando nos despedíamos le dije: "Hermano, ¿cuál es tu deseo para la promoción?". Me contestó: "La promoción tiene que ser para el cielo, así como tú y yo".

Hace dos años visité a la esposa de mi amigo, 15 años posterior a su muerte. Ella me relató un recuerdo: durante su enfermedad terminal, mi amigo fue visitado por brujos de las Huaringas, contratados por su familia para que lo "curen". Mi amigo de inmediato expulsó a los brujos de su casa diciendo "¿Ustedes creen que voy a vender mi alma al diablo al final?". ¡Gloria a Dios!

Salmo 68 (La Santa Biblia)
4 Cantad a Dios, cantad salmos a su nombre;
Exaltad al que cabalga sobre los cielos.
Jehová es su nombre; alegraos delante de él.

5 Padre de huérfanos y defensor de viudas
Es Dios en su santa morada.

Capítulo 3

El gran Pastor de las ovejas

"Más te vale perder una sola parte de tu cuerpo, y no que todo él vaya al infierno" (Mateo 5:30)

Era una tarde del año 1983 en el hospital de Rioja. Estaba de turno de guardia. De pronto, varias personas trajeron a un joven de 20 años quien había sufrido un severo accidente: el árbol que talaba cayó sobre una de sus piernas y la amputó. Inmediatamente, llamé a mi colega y amigo el Dr. Apolos Landa, con quien logramos detener la hemorragia y estabilizar al paciente.

A la mañana siguiente, me tocó pasar visita médica. El joven herido, ya sin una pierna, estaba acostado en cama tapando su cabeza con una frazada. No quería conversar con nadie. Mentalmente, oré al Señor y sentí decir lo siguiente:

"Mira Félix" -así se llamaba el joven- "Salomón fue rey de Israel por 40 años. Tenía su cuerpo completo, muchas riquezas, mil mujeres, pero su vida era rutinaria y sin sentido, tanto que llegó a aborrecer la vida". Y añadí: "Mira Félix, qué importa, tú has perdido una pierna completa, pero la vida podrá tener sentido para ti si le conoces al Señor".

Al instante, destapó su cabeza y comenzó a conversar. Pidió perdón a Dios por sus pecados. Entregó su vida al Señor Jesucristo y fue trasformado por completo. Soy testigo de que durante todo un mes de hospitalización mi tocayo Félix leía su Biblia y se regocijaba en la Palabra de Dios.

Un año más tarde, viajé a Nuevo Cajamarca para predicar en una concentración de zona de la Iglesia del Nazareno. De repente, llamó mi atención un hombre que levantaba una mano y la agitaba diciendo en alta voz: "¡Hermano Félix! ¡Hermano Félix!". Se acercó a mí y le reconocí: ¡era el joven Félix! Me enseñó su Biblia y su himnario. Caminaba usando una pierna ortopédica. Hasta hoy recuerdo sus palabras: "Soy la persona más feliz porque Dios me perdonó, así haya perdido mi pierna. Antes era esclavo de mis pecados, ahora soy fiel a la iglesia".

Hace 5 años yo estuve a punto de morir por disfunción multiorgánica posterior a un rechazo de trasplante renal, lo cual Dios mediante relataré en otro libro. Poco tiempo después de mi recuperación, recibí una llamada telefónica: "Me he enterado que usted está enfermo en Lima y le llamo para informarle que yo estoy orando todos los días por usted, para que Dios lo recupere. Yo me casé y le sirvo al Señor". Era mi amigo Félix.

Félix era un joven maderero. Tenía dinero y diversiones pero había perdido una pierna.
En tan deprimente situación, el Señor curó su alma y le dio una vida digna. Ahora, mi
buen amigo Félix comparte con otras personas del amor del Señor.

Ezequiel 34 (La Santa Biblia)

*15 Yo apacentaré mis ovejas, y yo les daré aprisco, dice Jehová el
Señor.*

*16 Yo buscaré la perdida, y haré volver al redil la descarriada;
vendaré la perniquebrada, y fortaleceré la débil.*

Hebreos 13 (La Santa Biblia)

*20 Y el Dios de paz que resucitó de los muertos a nuestro Señor
Jesucristo, el gran pastor de las ovejas, por la sangre del pacto
eterno,*

*21 os haga aptos en toda obra buena para que hagáis su voluntad,
haciendo él en vosotros lo que es agradable delante de él por
Jesucristo; al cual sea la gloria por los siglos de los siglos. Amén.*

Capítulo 4

Más allá de la muerte

"Porque este Dios es Dios nuestro eternamente y para siempre; El nos guiará aun más allá de la muerte." (Salmo 48:14)

En el relato de esta vivencia he cambiado los nombres de algunas personas por privacidad.

50 años atrás, mi esposa, siendo aún estudiante de secundaria, conoció a una buena amiga, llamada Bertha, con la que luego compartieron estudios de universidad y una amistad que se mantiene hasta hoy.

Hace unos 15 años, nos comunicaron que la hermana de Bertha, llamada Alicia, había sido diagnosticada de cáncer de mama. Prontamente, fuimos con mi esposa a visitarla. Alicia tenía aproximadamente 50 años de edad. Era profesional, ingeniera agrónoma, educada en ciencia y conocimientos. Nuevamente vemos que lo terrenal suele ser de escasa utilidad ante una grave enfermedad que no hace distinción de personas.

Entramos a casa de Alicia y le hablamos del amor de Dios, que ella recibió contenta. A partir de allí, íbamos a su casa todos los días a las 6 y 30 a.m. con algunos hermanos de la iglesia para enseñarle la Biblia, la poderosa Palabra de Dios que convierte el alma, alumbra los ojos, hace sabio al sencillo y alegra el corazón.

Poco tiempo después, Alicia ya predicaba el evangelio de salvación a sus médicos tratantes en el hospital. Ella me decía: "Hermano Félix, mis amigas ya no me hablan porque soy evangélica". El cristianismo implica disposición a sufrir por Cristo según su perfecta y poderosa voluntad. Sin embargo, como afirma el apóstol Pablo (antes llamado Saulo) en su segunda epístola a la iglesia de Corinto, el interior de Alicia se renovaba de día en día. Compró una hermosa Biblia grande. Con mucho ánimo, ella decía: "¡Hermano Félix, yo soy Saulo en versión mujer!".

En una oportunidad, un grupo de hermanos viajamos a Cajamarca y Alicia fue bautizada allí por mi padre Juan Fidel. En otras ocasiones, Alicia nos acompañaba a mí y a mi esposa al centro poblado Alto Trujillo, lugar donde teníamos un proyecto de educación y ayuda social para niños de escasos recursos. Alicia era soltera y en ocasiones decía: "No tengo hijos". "Tienes varios hijitos espirituales", le respondía yo.

Alicia congregaba con ánimo a la Iglesia del Nazareno de Los Sauces (Trujillo), donde dio su testimonio de salvación en Cristo. Cierto día, fue conmigo a la maestría que yo cursaba y dijo a mis colegas: "Yo vengo de una familia muy reconocida en Trujillo. Y ahora tengo este cáncer. Sin embargo, ya conozco al Maestro Jesús".

Una tarde, visité a Alicia en su casa y la encontré agitada, cansada, con falta de aire. Estaba siendo tratada por una aparente deshidratación pero no mejoraba, por lo que la llevé a emergencia del Hospital Lazarte de Trujillo, donde le tomaron una radiografía de tórax, que reveló un derrame pleural bilateral secundario a una diseminación del cáncer.

Alicia era una mujer de convicción. ¡Cómo creía en Dios! Aquel día, la dejé hospitalizada a las diez de la noche. A la mañana siguiente, fui a verla a las 4 a.m. para encomendarla en las manos de Dios. "¿Cómo estás?", le pregunté. Recuerdo claramente sus palabras, al pie de la letra: "Mi cuerpo está mal, pero mi alma está machasa (fuerte, valiente, sólida)". A las 5:30 de la mañana, aproximadamente un año después de la primera vez que la vi, me comunicaron que Alicia había fallecido.

Hasta hoy tengo en mente la fidelidad de Alicia, fiel a su Señor que la rescató de las tinieblas a la luz y le dio un propósito de vida en medio de una deprimente y mortal enfermedad. Ahora, Alicia está en el cielo disfrutando de la gloria eterna del Creador.

Hechos 20 (La Santa Biblia)

24 Pero de ninguna cosa hago caso, ni estimo preciosa mi vida para mí mismo, con tal que acabe mi carrera con gozo, y el ministerio que recibí del Señor Jesús, para dar testimonio del evangelio de la gracia de Dios.

Apocalipsis 21 (La Santa Biblia)

1 Vi un cielo nuevo y una tierra nueva; porque el primer cielo y la primera tierra pasaron, y el mar ya no existía más.

2 Y yo Juan vi la santa ciudad, la nueva Jerusalén, descender del cielo, de Dios, dispuesta como una esposa ataviada para su marido.

3 Y oí una gran voz del cielo que decía: He aquí el tabernáculo de Dios con los hombres, y él morará con ellos; y ellos serán su pueblo, y Dios mismo estará con ellos como su Dios.

4 Enjugará Dios toda lágrima de los ojos de ellos; y ya no habrá muerte, ni habrá más llanto, ni clamor, ni dolor; porque las primeras cosas pasaron.

5 Y el que estaba sentado en el trono dijo: He aquí, yo hago nuevas todas las cosas. Y me dijo: Escribe; porque estas palabras son fieles y verdaderas.

6 Y me dijo: Hecho está. Yo soy el Alfa y la Omega, el principio y el fin. Al que tuviere sed, yo le daré gratuitamente de la fuente del agua de la vida.

7 El que venciere heredará todas las cosas, y yo seré su Dios, y él será mi hijo.

Capítulo 5

Dios de toda consolación

"Bendito sea el Dios y Padre de nuestro Señor Jesucristo, Padre de misericordias y Dios de toda consolación" (2 Corintios 1:3)

Hace 10 años, recibí una llamada telefónica. Era un colega, quien se había comunicado conmigo por una muy difícil situación: estaba hospitalizado en el Instituto Nacional de Enfermedades Neoplásicas (Lima, Perú) con diagnóstico de cáncer de páncreas. Tenía mucho dolor y estaba buscando una persona que ore por él.

Mentalmente, le pedí ayuda al Señor Jesucristo y sentí hablar a mi colega del amor de Dios: "Doctor, es necesario que Usted pida perdón a Dios por sus pecados. El Señor Jesucristo, Hijo de Dios, llevó sobre Él el castigo por nuestros pecados; nuestra alma fue curada por sus heridas en la cruz. Esperemos en la soberanía y voluntad del Señor respecto a su salud física".

Aquel día inicialmente triste, mi colega aceptó al Señor Jesucristo como su Salvador. Dios ilumina el día más oscuro con su excelsa luz. Él tiene todo el poder para salvar el alma y llenarla de paz. Nos despedimos y mantuvimos en contacto telefónico por unos meses. Hasta el final de su vida terrenal, mi colega continuó laborando. El Señor fue su confidente y amigo, dándole fuerzas para afrontar tremenda situación.

Poco tiempo después, mi colega murió. Tuve la oportunidad de asistir a su casa para su velorio. Su esposa e hijos necesitaban consuelo. Aquella noche en el velorio, compartí con los asistentes que en el Señor Jesucristo siempre hay esperanza, consuelo y resignación.

Desde que nacemos, todos avanzamos hacia el mismo fin terrenal y debemos estar preparados para ello. Cuando uno está preparado para enfrentar a la muerte de la mano de Cristo, vive muchísimo mejor.

Filipenses 1 (La Santa Biblia)

21 Porque para mí el vivir es Cristo, y el morir es ganancia.

22 Mas si el vivir en la carne resulta para mí en beneficio de la obra, no sé entonces qué escoger.

23 Porque de ambas cosas estoy puesto en estrecho, teniendo deseo de partir y estar con Cristo, lo cual es muchísimo mejor

2 Timoteo 4 (La Santa Biblia)

6 Porque yo ya estoy para ser sacrificado, y el tiempo de mi partida está cercano.

7 He peleado la buena batalla, he acabado la carrera, he guardado la fe.

8 Por lo demás, me está guardada la corona de justicia, la cual me dará el Señor, juez justo, en aquel día; y no sólo a mí, sino también a todos los que aman su venida.

Capítulo 6

La luz de la aurora

"Por la entrañable misericordia de nuestro Dios, con que nos visitó desde lo alto la aurora" (Lucas 1:78)

Año 1986. Caserío de Tumbadén, provincia de San Pablo, departamento de Cajamarca. Visitaba aquella tierra para participar de un curso de promotores de salud organizado por la ONG Proesa. El principal objetivo del curso, programado para una semana de duración, era fomentar la atención en salud con un enfoque preventivo e integral, abarcando no sólo la atención física, sino también la ayuda espiritual. Veinte promotores asistentes nos levantábamos diariamente a las 5 a.m. a buscar al Señor Jesucristo, el Maestro de maestros, para luego proseguir con el programa educativo asignado.

Uno de aquellos días, mi amigo Juan Santa Cruz, un promotor de salud de la localidad, me invitó a visitar a un paciente de unos 65 años de edad, bastante conocido por la comunidad debido a su hábito peculiar de caminar dentro de su casa como un autómata, unos 30 metros de aquí para allá, sin aparente motivo ni descanso. No salía a la calle ni se comunicaba con la gente. Un antecedente llamativo de su historia eran los rumores que este intranquilo caballero había matado a una persona ya hace muchos años en su juventud.

Ingresé a la casa y atendí al paciente. Andrés era su nombre. Luego de medir su presión arterial y pulso, ambos parámetros dentro de la normalidad, le dije: "Don Andrés, usted aparentemente está bien". "Sí niñito", me respondió.

Estimados lectores, dice el apóstol Pablo en su epístola a los romanos: "¡Oh profundidad de las riquezas de la sabiduría y de la ciencia de Dios! ¡Cuán insondables son sus juicios, e inescrutables sus caminos!". El Señor me llevó a aquella ciudad y aquella casa para que, en el momento que Él ya había dispuesto desde antes de la fundación del mundo, yo diga estas palabras al anciano paciente: "Bien estará su cuerpo pero... ¿y su alma?".

"Mi alma la tengo vendida al diablo desde que era joven", me contestó prontamente Don Andrés. Estimados lectores, dice el sabio Salomón en Proverbios 28:17: "El hombre cargado de la sangre de alguno huirá hasta el sepulcro, y nadie le detendrá". Sin embargo, ¡lo que es imposible para los hombres, es posible para Dios!

"Dios le ama. Él le puede perdonar. Él quiere perdonarle", respondí al anciano. "¿Qué va a ser niñito?", preguntó él. Inmediatamente, abrí mi Biblia en Juan 3:16 y le dije: "Mire lo que dice el Señor: Porque de tal manera amó Dios al mundo, que ha dado a su Hijo

unigénito, para que todo aquel que en él cree, no se pierda, mas tenga vida eterna".
"¡Anímese! Dios no miente", añadí.

Don Andrés me miró como si hubiera descubierto algo nuevo y me dijo: "¿Sí?". "Por supuesto", respondí. "Ya niñito", fueron sus palabras de despedida.

La visita terminó, el curso terminó, y cada promotor retornó a su lugar de origen. Tres meses después, me encontré nuevamente con mi amigo Juan Santa Cruz: "Hola. ¿Cómo estás? ¿Cómo está Don Andrés?"

"Don Andrés ya murió" -me contestó- "Pero después de aquella visita, él cambió. Todos se dieron cuenta en el pueblo. Él ya salía a la calle. Él ya se comunicaba con los demás".

¡Gloria a Dios, nuestro Creador, capaz de iluminar la vida más oscura con un destello de su gloriosa luz, la luz que vino al mundo para darnos salvación y vida eterna!

Lucas 1 (La Santa Biblia)

76 Y tú, niño, profeta del Altísimo serás llamado;

Porque irás delante de la presencia del Señor, para preparar sus caminos;

77 Para dar conocimiento de salvación a su pueblo,

Para perdón de sus pecados,

78 Por la entrañable misericordia de nuestro Dios,

Con que nos visitó desde lo alto la aurora,

79 Para dar luz a los que habitan en tinieblas y en sombra de muerte;

Para encaminar nuestros pies por camino de paz.

Capítulo 7

El Salvador del mundo

"Porque el Hijo del Hombre vino a buscar y a salvar lo que se había perdido" (Lucas 19:10)

Conocí a mi amigo y hermano Roberto alrededor del año 2002, durante mis visitas a un Centro de Rehabilitación para personas adictas a las drogas, ubicado en la localidad de Buenos Aires (Trujillo, Perú), tan sólo a diez cuadras de donde vivía. La primera vez que fui a este Centro fue por una invitación para predicar el evangelio de salvación. Aquella oportunidad, compartí la Palabra de Dios a unos treinta caballeros y les invité a reunirnos de madrugada diariamente para buscar a Dios.

El acuerdo fue que yo iría al Centro a las 5 a.m. para despertarlos. Desde el día siguiente, y por un periodo de dos años, nos reunimos todos los días para buscar la presencia del Señor. ¡El Señor es poderoso para liberar a toda persona de cualquier adicción, vicio y pecado! Cada madrugada, con un grupo de hermanos de la iglesia, partíamos de mi casa y caminábamos hacia el Centro fortalecidos y protegidos por el Señor.

Uno de los caballeros en rehabilitación se llamaba Roberto. En ocasiones, Roberto salía a esperarnos a unas cuadras del Centro para acompañarnos al local. Su familia cercana -madre y hermano que gracias a Dios tuve la oportunidad de conocer- vivían en el distrito de La Esperanza (Trujillo, Perú).

Estimados lectores, las drogas destruyen la vida de las personas. Los estudios universitarios de Roberto en ingeniería industrial se habían truncado por la adicción. El hogar de Roberto fue destruido como consecuencia de este devastador vicio, tan arraigado en nuestra sociedad.

El Señor Jesucristo nos ordena llevar su luz hacia los que están en oscuridad. Roberto fue salvado por el Señor. En el mundo de la drogadicción, los altibajos también existen y Roberto no fue la excepción. Varias recaídas ocurrieron en su vida. Hubieron periodos prolongados de internamiento en diferentes centros de rehabilitación (Centro del Trópico, Centro de Liberación Social, Centro 'Jesús te ama' en Moche). Generalmente, visitábamos a Roberto en los diferentes centros en el auto de mi amigo el Dr. Alfonso Gastañadui. A veces, Roberto necesitaba ser ayudado; otras veces, Roberto ayudaba a los demás. Por encima de todo, como dijo el apóstol Pablo a Timoteo, la vida de Roberto era testimonio de que "si fuéremos infieles, el Señor permanece fiel". Sin embargo, no podemos olvidar que "horrenda cosa es caer en manos del Dios vivo". Dios nos manda a vivir en santidad, como Él es santo.

Recuerdo que cierto día, el hermano de Roberto llegó inesperadamente a mi casa a las 4.30 p.m. para avisarme que Roberto había recaído. De inmediato, tomamos un taxi con él y mi esposa rumbo a una zona de La Esperanza llamada 'La Cuchara', famosa por la presencia de personas adictas a las drogas. Allí encontramos a Roberto, con unas 30 personas más, consumiendo cocaína en un parque abandonado.

Yo tenía un poco de miedo. Me encomendé en las manos de Dios, bajé del taxi y caminé directo hacia Roberto. Lo llamé: "Roberto". Volvió hacia mí su mirada, una mirada perdida. "Ven" -le dije- "ven sube al taxi". Le entregué unos panes con plátano y una gaseosa que había llevado. "Vamos", le dije.

Roberto subió al asiento delantero del taxi conmigo. Le pregunté a qué centro de rehabilitación quería ir. "A Jesús te ama", me respondió. Lo llevamos al centro de rehabilitación y lo dejamos internado. ¡Gloria a Dios!

Ahora, mi hermano Roberto está bien. Trabaja y se lleva bien con su familia. Todo gracias al Señor. Roberto tiene una memoria prodigiosa, aprende los Salmos y demás pasajes bíblicos con suma facilidad. Nos comunicamos por teléfono con frecuencia y le damos las gracias y honra a Jesucristo, nuestro Salvador.

Queridos lectores, en una oportunidad Roberto me comentó que en el cementerio de La Esperanza 400 personas se reúnen para consumir drogas. 11 millones de personas mueren cada año en el mundo como consecuencia directa o indirecta del consumo de drogas, incluyendo el cigarro y el alcohol. "¿A quién enviaré por ellos?", dice el Señor.

"¡Heme aquí Señor, envíame a mí!".

Mateo 1 (La Santa Biblia)

20 Y pensando él en esto, he aquí un ángel del Señor le apareció en sueños y le dijo: José, hijo de David, no temas recibir a María tu mujer, porque lo que en ella es engendrado, del Espíritu Santo es.

21 Y dará a luz un hijo, y llamarás su nombre JESÚS, porque Él salvará a su pueblo de sus pecados.

22 Todo esto aconteció para que se cumpliese lo dicho por el Señor por medio del profeta, cuando dijo:

23 He aquí, una virgen concebirá y dará a luz un hijo, Y llamarás su nombre Emanuel, que traducido es: Dios con nosotros.

Capítulo 8

El bienaventurado y solo Soberano

"y de Jesucristo el testigo fiel, el primogénito de los muertos, y el soberano de los reyes de la tierra. Al que nos amó, y nos lavó de nuestros pecados con su sangre" (Apocalipsis 1:5)

Durante mis visitas a los centros de rehabilitación para caballeros adictos a las drogas, ya mencionadas en el capítulo anterior, conocí también a mi ahora amigo y hermano Fausto.

Fausto tiene un hermoso testimonio de vida. Él permaneció atado por las cadenas del vicio desde su juventud, a pesar de los muchos llamados del Señor Jesucristo. De hecho, cuando da su testimonio personal, Fausto se identifica con el texto bíblico de Lamentaciones escrito por el profeta Jeremías (500 años a.C.): "Yo soy el hombre que ha visto aflicción bajo el látigo del enojo de Dios".

En lo más hondo del abismo, Fausto llegó a andar por las calles como un loco, durmiendo en los basurales y desagües. Él menciona también en su testimonio: "Yo era el loco Fausto, todos me conocían así". Gracias a nuestro Señor y Salvador Jesucristo, el único y solo Soberano, Rey de reyes y Señor de señores, ninguna potestad maligna puede vencer sus propósitos ya designados desde antes de la fundación del mundo. Y Fausto fue elegido por el Señor para convertirse a Él de todo corazón en su quebrantamiento, y ser testigo del poder de Dios capaz de transformar e iluminar la vida más oscura.

Fausto suele recordar que durante su estancia en los centros de rehabilitación, cuando yo y mis hermanos de la iglesia llegábamos de madrugada a despertar a los internos para buscar a Dios, él se expresaba de mí: "¡Otra vez viene a fastidiarnos!". Ahora somos amigos y, hasta el inicio de la pandemia, solíamos encontrarnos en Trujillo para adorar a Dios de madrugada en mi casa, asistir a los cultos de la iglesia y compartir los alimentos.

Ahora, Fausto es un caballero empresario restaurado por Dios. Un amigo de Fausto, a quien conocimos hace unos meses en la ciudad de Trujillo, es el famoso 'Django', ex-asaltante de bancos, ahora siervo de Dios por la gracia y misericordia de nuestro Señor Jesucristo.

Al inicio de la pandemia, Fausto cayó enfermo de COVID-19. Tuvo un cuadro muy severo, requiriendo ventilación mecánica en la Unidad de Cuidados Intensivos del Hospital Regional Docente de Trujillo (Perú). Gracias a Dios, el dueño de la vida, y a los médicos y personal de salud, instrumentos de Dios en estos momentos de incertidumbre mundial, Fausto respondió bien al tratamiento, se recuperó y hoy está ya en casa. Cabe mencionar que el último fin de semana que fui a Trujillo previo a la pandemia, quedamos en encontrarnos con mi amigo Fausto, lo cual no se concretó por motivos inesperados. Medito personalmente en que el Señor me libró de un posible contagio, teniendo en cuenta que mi diabetes, hipertensión arterial e insuficiencia renal requeriente de hemodiálisis me hacen una persona de riesgo ante el nuevo coronavirus.

¡Gloria a Dios por su protección y cuidado conmigo!

1 Timoteo 6 (La Santa Biblia)

11 Mas tú, oh hombre de Dios, huye de estas cosas, y sigue la justicia, la piedad, la fe, el amor, la paciencia, la mansedumbre.

12 Pelea la buena batalla de la fe, echa mano de la vida eterna, a la cual asimismo fuiste llamado, habiendo hecho la buena profesión delante de muchos testigos.

13 Te mando delante de Dios, que da vida a todas las cosas, y de Jesucristo, que dio testimonio de la buena profesión delante de Poncio Pilato,

14 que guardes el mandamiento sin mácula ni reprensión, hasta la aparición de nuestro Señor Jesucristo,

15 la cual a su tiempo mostrará el bienaventurado y solo Soberano, Rey de reyes, y Señor de señores,

16 el único que tiene inmortalidad, que habita en luz inaccesible; a quien ninguno de los hombres ha visto ni puede ver, al cual sea la honra y el imperio sempiterno. Amén.

Capítulo 9

El Padre de las luces

"Toda buena dádiva y todo don perfecto desciende de lo alto, del Padre de las luces, en el cual no hay mudanza, ni sombra de variación" (Santiago 1:17)

Estaba de turno de guardia en emergencia del hospital de Cartavio (La Libertad, Perú), durante mi año de internado para finalizar la carrera de medicina. Era el año 1980. Hacia las 4 de la mañana, llegó un joven con hemorragia digestiva alta causada por una ingesta excesiva de licor en una fiesta con unos amigos. ¡Qué flagelo para la sociedad son las bebidas alcohólicas, tan justificadas por la misma sociedad, incluso por algunos religiosos!

Estabilizamos al paciente y procedí a llamar a la casa de sus padres: "Soy el Dr. Aldave, interno de medicina en Cartavio. Estamos atendiendo a su hijo que ha llegado con hemorragia digestiva alta". Su padre me contestó: "Agradezco su gentileza pero pregúnteme por mi perro, no por ese. Ese ya no vive conmigo. Se portó muy mal. Lo he botado de mi casa porque robó unas joyas de matrimonio de su madre".

Me quedé sin respuesta. Al volver con el joven, le hablé del Señor Jesucristo, a quien recibió como su Señor y Salvador. Me comentó que consumía drogas y que botaba las medicinas que le indicaba su psiquiatra. Su madre había fallecido dos años atrás. Su vida era un caos. Bien dice la Biblia en el Salmo 27: "Aunque mi padre y mi madre me dejaran, con todo, Jehová me recogerá", y en Romanos 5:8: "Mas Dios muestra su amor para con nosotros, en que siendo aún pecadores, Cristo murió por nosotros".

El joven se recuperó. Al salir de alta, le conseguimos un hogar con un pastor de la localidad de Chiquitoy, en el mismo Cartavio. Empezó a buscar al Señor, a leer su Biblia y su vida cambió para bien. El Señor siempre trasforma todo para bien. Y sin costo, excepto el estar dispuesto a dejar de pecar para seguirle y servirle. Dios, el Padre de las luces, nos ayuda en este propósito cuando rendimos nuestra vida a Él con arrepentimiento de corazón. ¿Por qué no dejamos de pecar, amigos lectores? "Y esta es la condenación: que la luz vino al mundo, y los hombres amaron más las tinieblas que la luz, porque sus obras eran malas" (Juan 3:19).

Terminó mi internado y dejé Cartavio. No he vuelto a saber del joven Carlos Ramírez -así era su nombre-, pero confío en el poder y gracia de nuestro Señor Jesucristo para confirmar la obra que inició en él, tal como dice el apóstol Pablo en su carta a los

Filipenses: "estando persuadido de esto, que el que comenzó en vosotros la buena obra, la perfeccionará hasta el día de Jesucristo".

Santiago 1 (La Santa Biblia)

16 Amados hermanos míos, no erréis.

17 Toda buena dádiva y todo don perfecto desciende de lo alto, del Padre de las luces, en el cual no hay mudanza, ni sombra de variación.

18 El, de su voluntad, nos hizo nacer por la palabra de verdad, para que seamos primicias de sus criaturas.

Capítulo 10

Antes que te formase te conocí

"Antes que te formase en el vientre te conocí, y antes que nacieses te santifiqué, te di por profeta a las naciones" (Jeremías 1:5)

Recuerdo que dos veces en mi vida acudieron a mi consulta médica mujeres gestantes con la iniciativa de realizar un aborto. Los bebés eran de 10 semanas y de 12 semanas. Las razones mencionadas eran falta de apoyo familiar y embarazo no deseado. "No" -dije rotundamente- "Yo debo velar por la vida".

Les hablé del amor y justicia de Dios, clarificando que el practicar un aborto es un asesinato, es matar al bebé, es cortar una vida. Intenté persuadirlas que no lo hagan. Una de ellas me dijo molesta: "Si no me hace doctor usted, me iré a otro médico". "Si usted lo hace y se muere, se va al infierno", le respondí.

Gracias al Señor, ambas madres desistieron de su idea y continuaron su embarazo. Ahora, tienen dos hijas jóvenes saludables, estudiantes y profesionales.

En otra oportunidad, estaba conversando con una joven y de pronto su mirada quedó perdida en dirección hacia un niño de 4 años que corría. "¿Qué sucede?", le pregunté. Con tristeza me contestó: "Esa edad tendría mi hijito", y me contó su historia: sus padres la habían condicionado a abortar cuatro años atrás por el 'qué dirán' de la gente.

Allí me di cuenta que el sufrimiento posterior a un aborto persigue a muchas madres hasta el día que dejan este mundo. Y lamentablemente, siempre trae maldición. Bien claro dice el Señor: "Cuando extendáis vuestras manos, yo esconderé de vosotros mis ojos; asimismo cuando multipliquéis la oración, yo no oiré; llenas están de sangre vuestras manos".

Y luego los seres humanos, al enfrentar las plagas y desastres naturales que nos agobian, nos quejamos contra Dios, sin ser capaces de hacer algo para frenar la masacre de bebés mediante el aborto: 50 millones de bebés asesinados en el mundo cada año, ¡más de ochenta vidas truncadas cada minuto!

¿Tienes en mente practicar un aborto? Por favor, te lo suplico, no lo hagas. ¿Has practicado un aborto? Ven al Señor Jesús y pídele perdón. Él murió por la humanidad para pagar el precio de nuestros pecados, y resucitó para ofrecernos vida eterna. El Señor Jesucristo vive y es poderoso para salvar tu alma y sanar tus heridas.

Salmo 139 (La Santa Biblia)

13 Porque tú formaste mis entrañas;

Tú me hiciste en el vientre de mi madre.

14 Te alabaré; porque formidables, maravillosas son tus obras;

Estoy maravillado,

Y mi alma lo sabe muy bien.

15 No fue encubierto de ti mi cuerpo,

Bien que en oculto fui formado,

Y entretejido en lo más profundo de la tierra.

16 Mi embrión vieron tus ojos,

Y en tu libro estaban escritas todas aquellas cosas

Que fueron luego formadas,

Sin faltar una de ellas.

Epílogo

Queridos lectores, debemos ser médicos de cuerpos y almas. Esto se logra caminando diariamente con el Señor Jesucristo para aprender de Él, el Creador del universo, el Maestro, el Médico de médicos, el gran Pastor de las ovejas, nuestro Señor y Salvador.

El Señor Jesucristo nos dice:

"Venid a mí todos los que estáis trabajados y cargados, y yo os haré descansar. Llevad mi yugo sobre vosotros y aprended de mí, que soy manso y humilde de corazón, y hallaréis descanso para vuestras almas, porque mi yugo es fácil y ligera mi carga." (Mateo 11: 28-30)

El Señor Jesucristo es mi médico y quiere ser tu médico. Ven a Él. Él demostró que te ama al morir en vez tuyo para salvarte y reconciliarte con Dios. Él venció a la muerte y resucitó para darnos vida eterna. Sin ningún costo para nosotros, excepto el estar dispuestos a renunciar a nosotros mismos para seguirle a Él:

"Entonces Jesús dijo a sus discípulos: Si alguno quiere venir en pos de mí, niéguese a sí mismo, y tome su cruz, y sígame. Porque todo el que quiera salvar su vida, la perderá; y todo el que pierda su vida por causa de mí, la hallará. Porque ¿qué aprovechará al hombre, si ganare todo el mundo, y perdiere su alma? ¿O qué recompensa dará el hombre por su alma? Porque el Hijo del Hombre vendrá en la gloria de su Padre con sus ángeles, y entonces pagará a cada uno conforme a sus obras." (Mateo 16: 24-27)